Chatgpt Pour l'écriture: Améliorez votre écriture et surprenez vos lecteurs grâce à l'intelligence artificielle. Plus de 1000 suggestions prêtes à l'emploi.

RÉSUMÉ

- Introduction

- Questions-réponses :

  Les bases du copywriting

- Questions :

  Raconter des histoires de manière professionnelle

- Questions guidées :

  Ne commettez pas ces erreurs

- Questions-réponses :

Comment mettre en œuvre votre droit d'auteur

- Questions Pistes :

  Comment se tenir au courant du contenu viral et l'inclure comme un stimulant dans votre écriture ?

- Questions :

  Restez cohérent dans votre style

  BONUS Tips: :

  Améliorez vos idées et votre vocabulaire

- Conclusions

- Message au lecteur

-

Introduction

À l'ère du numérique, l'importance de la rédaction persuasive dans les stratégies de communication et de promotion des entreprises est plus cruciale que jamais. Cependant, nous nous trouvons immergés dans une vaste mer de contenu qui remplit constamment les écrans de nos destinataires. Comment se démarquer dans ce contexte surchargé ?

Comment s'assurer que nos messages atteignent le public, mais aussi qu'ils laissent une impression durable et significative ?

La réponse à ces questions réside dans l'innovation et l'utilisation intelligente des ressources technologiques à notre disposition. Ce guide est la clé de l'avenir du copywriting. Il vous emmène dans un voyage qui adopte une approche innovante, en exploitant la puissance de ChatGPT, un modèle d'intelligence artificielle sophistiqué. Cette IA avancée est capable de générer des textes d'une qualité extraordinaire en réponse à des questions et à des stimuli, ouvrant ainsi de nouveaux horizons dans la création de contenu écrit de haute qualité.

Avec ChatGPT, vous pourrez non seulement automatiser une partie de votre travail, ce qui vous fera gagner un temps précieux, mais vous pourrez également créer des contenus écrits plus pertinents, plus engageants et plus personnalisés. Ce contenu sera capable de capter l'attention de vos lecteurs d'une manière unique et distinctive, ce qui augmentera considérablement l'impact de vos créations écrites et contribuera à votre succès en matière de communication persuasive à l'ère numérique.

Que trouverez-vous dans ce livre ?

Dans cet ouvrage, nous explorerons un large éventail de sujets liés au copywriting et à la rédaction persuasive. Nous parcourrons les différentes facettes de cette discipline, dans le but d'améliorer vos compétences en matière d'écriture et de communication.

Nous commencerons par les bases du copywriting, en apportant une solide compréhension de ce qui constitue une écriture efficace. Ensuite, nous explorerons le pouvoir des histoires dans la communication professionnelle et la manière d'utiliser les récits pour impliquer le public.

Tout au long de l'ouvrage, nous aborderons également les erreurs courantes à éviter en matière de rédaction persuasive et la manière de mettre en œuvre au mieux vos compétences en copywriting. Vous apprendrez à créer des contenus qui captent l'attention et incitent à l'action.

En outre, nous étudierons comment suivre les tendances et le contenu viral et comment les utiliser pour améliorer votre écriture. Il est essentiel de conserver son style personnel, et nous partagerons des conseils sur la manière d'y parvenir avec succès.

Enfin, nous vous donnerons des conseils pour améliorer votre vocabulaire et générer des idées plus créatives pour vos projets d'écriture.

Ce livre est conçu pour vous aider à devenir un rédacteur plus compétent et plus persuasif en vous fournissant des connaissances, des stratégies et des outils pratiques pour exceller dans la rédaction persuasive.

Questions à choix multiples : Les bases du copywriting

- ✓ Pourquoi les entreprises ont-elles besoin d'une stratégie de copywriting ?

- ✓ Qu'est-ce qui constitue une stratégie de copywriting et comment ces éléments se combinent-ils ?

- ✓ En quoi la recherche est-elle cruciale pour le copywriting et sur quoi faut-il se concentrer ?

- ✓ Qu'est-ce qui définit le public idéal pour le copywriting ?

- ✓ Comment intégrer votre USP dans votre copywriting ?

- ✓ Quelles sont les étapes du parcours client et comment le copywriting s'adapte-t-il à chacune d'entre elles ?

- ✓ Quel est le rôle des buyer personas dans le copywriting ?

- ✓ Comment le copywriting peut-il mettre en évidence le caractère unique d'un produit par rapport à la concurrence ?

- ✓ Pourquoi et comment les appels émotionnels doivent-ils être utilisés dans le copywriting ?

- ✓ Quels sont les principes de base du storytelling dans le copywriting pour différents secteurs ?

- ✓ Comment rédiger des titres qui attirent les lecteurs ?

- ✓ Quelles sont les techniques de mise en page pour un texte attrayant et lisible ?

- ✓ Comment les témoignages et la preuve sociale peuvent-ils accroître la crédibilité d'un texte ?

- ✓ Quel est l'impact de la mise en forme sur le texte et quelles sont les meilleures pratiques pour les images ?

- ✓ Comment trouver un équilibre entre le référencement et un texte persuasif ?

- ✓ Quels sont les pièges à éviter en matière de copywriting ?

- ✓ Comment assurer la cohérence de la voix de la marque dans le copywriting sur toutes les plateformes ?

- ✓ Quel est le processus de définition et d'évaluation des objectifs du copywriting ?

- ✓ Comment rédiger des CTA qui incitent à l'action ?

- ✓ Comment les données peuvent-elles guider et affiner vos efforts de copywriting ?

- ✓ Quelle est la formule pour obtenir des éléments de copywriting convaincants pour les e-mails ?

- ✓ En quoi le texte doit-il différer entre les différentes étapes de l'entonnoir de vente ?

- ✓ Comment le copywriting évolue-t-il en fonction du type de public, par exemple B2B ou B2C ?

- ✓ Comment les mots-clés peuvent-ils être intégrés dans la rédaction pour obtenir des avantages en termes de référencement ?

- ✓ Quelles sont les stratégies qui permettent d'obtenir un contenu qui mérite d'être partagé et qui a un potentiel viral ?

Questions-réponses : Récit professionnel

- ✓ Pourquoi les entreprises devraient-elles intégrer la narration dans leurs stratégies de rédaction et de marketing ?

- ✓ Comment la narration crée-t-elle un lien émotionnel entre une marque et ses consommateurs ?

- ✓ Quelles sont les différentes catégories d'histoires de marque, telles que les histoires d'origine ou d'employés, et leur efficacité dans le copywriting ?

- ✓ Quelle est la formule permettant d'identifier les éléments essentiels d'une histoire de marque, notamment le protagoniste, l'obstacle et sa solution ?

- ✓ Comment façonner l'histoire d'une marque pour qu'elle convienne à différents groupes, qu'il s'agisse de clients potentiels, de parties prenantes ou de membres du personnel ?

- ✓ Quelles sont les techniques permettant d'accroître la vitalité d'une histoire de marque en utilisant un langage descriptif et des spécifications sensorielles ?

✓ Comment créer une histoire de marque authentique et attrayante qui évite les clichés ?

✓ Pouvez-vous citer les marques qui ont fait du storytelling leur cheval de bataille en matière de copywriting et les enseignements qu'elles en tirent ?

✓ Comment la narration peut-elle créer une position de marque distincte et un argument de vente unique ?

- ✓ Quelles sont les méthodes pour intégrer le storytelling dans les différents supports de copywriting, tels que les tweets, les blogs ou les campagnes d'e-mailing ?

- ✓ Comment évaluer l'impact du storytelling dans le copywriting et quels indicateurs suivre ?

- ✓ Comment les marques peuvent-elles utiliser le contenu des utilisateurs ou les récits des clients dans le copywriting pour créer une communauté et gagner en crédibilité ?

- ✓ Comment l'esprit, le sarcasme ou les procédés littéraires peuvent-ils enrichir les récits de marque et créer un ton inoubliable ?

- ✓ Comment le storytelling peut-il mettre en lumière des causes sociales ou écologiques et présenter votre marque comme étant soucieuse de l'éthique ?

- ✓ Comment intégrer une courbe narrative dans l'histoire d'une marque qui oriente le voyage émotionnel du lecteur ?

- ✓ Quels sont les pièges du copywriting basé sur la narration, tels que l'autocélébration excessive ou la négligence des intérêts de l'audience ?

- ✓ Comment les mesures et les analyses peuvent-elles affiner le récit de la marque en réponse à l'évolution de la dynamique du marché ou des goûts des consommateurs ?

- ✓ Comment le storytelling assure-t-il l'uniformité du récit de la marque sur tous les canaux de communication ?

- ✓ Quels sont les contrôles moraux de la narration pour le copywriting, comment éviter les préjugés ou les fausses déclarations ?

- ✓ Comment le storytelling peut-il induire un sentiment de "maintenant ou jamais" dans le texte, incitant les lecteurs à l'action ?

- ✓ Comment les récits personnels dans le copywriting peuvent-ils rendre l'histoire d'une marque plus tangible et relatable pour le public ?

- ✓ Comment le modèle narratif de l'odyssée du héros peut-il créer une histoire de marque intrigante dans le copywriting ?

- ✓ Pouvez-vous citer des cas où des entreprises ont habilement utilisé des témoignages de clients dans leur rédaction pour renforcer l'image de leur marque ?

- ✓ Comment les métaphores et les simulations dans le copywriting permettent-elles de clarifier des concepts complexes et d'approfondir l'affiliation à une marque ?

- Comment la narration émotionnelle dans le copywriting peut-elle amplifier la connexion et l'identité d'une marque avec ses consommateurs ?

Questions-réponses : Ne commettez pas ces erreurs

- ✓ Quels sont les malentendus qui affectent souvent les nouveaux rédacteurs et comment les résoudre ?

- ✓ Quelle est l'importance de la recherche pour le copywriting et quelles sont les stratégies qui en améliorent l'efficacité ?

- ✓ Quels sont les pièges que les rédacteurs novices rencontrent souvent pour capter leur cible démographique et comment y remédier ?

- ✓ Comment créer un texte qui résonne sans paraître trop promotionnel ou agressif ?

- ✓ Quel est le secret pour formuler des titres qui captent l'attention et incitent à poursuivre la lecture ?

- ✓ Quelles sont les erreurs de grammaire ou de ponctuation qui font souvent trébucher les rédacteurs débutants et quelle est la solution ?

- ✓ Comment éviter les termes spécifiques à l'industrie qui pourraient rendre les lecteurs perplexes ou les décourager ?

- ✓ Quels conseils donneriez-vous pour créer des textes lisibles et compréhensibles, en mettant l'accent sur des phrases ou des éléments succincts ?

- ✓ Comment éviter d'utiliser des phrases banales qui diluent l'impact du texte ?

- ✓ Quels conseils pouvez-vous donner pour intégrer l'humour ou le divertissement dans le copywriting sans rater le coche ?

- ✓ Comment pouvez-vous vous assurer que votre texte ne donne pas lieu à des présomptions sur les antécédents ou les souhaits des lecteurs ?

- ✓ Quels sont les écueils auxquels se heurtent les nouveaux venus pour créer des CTA convaincants et comment les contourner ?

- ✓ Comment créer un texte qui se démarque au lieu de refléter les concurrents ?

- ✓ Quel est votre guide pour créer un texte optimisé pour la recherche, en mettant l'accent sur le positionnement des mots clés ou les balises méta ?

- ✓ Comment résister à la tentation d'exagérer ou de faire trop de promesses dans votre contenu ?

- ✓ Où les débutants achoppent-ils souvent lorsqu'ils structurent leurs textes et comment peuvent-ils trouver une base solide ?

- ✓ Comment produire un contenu percutant sans le rendre trop long ?

- ✓ Quels conseils donneriez-vous pour produire des textes authentiques qui ne sentent pas l'artifice ?

- ✓ Comment produire un texte simple sans trop s'appuyer sur des mots descriptifs ?

- ✓ Où les néophytes se trompent-ils souvent lors de la relecture et comment y remédier ?

- ✓ Comment créer un contenu ciblé qui ne donne pas l'impression d'être trop global ?

- ✓ Quelles sont vos suggestions pour adapter le contenu aux différentes plateformes, qu'il s'agisse de canaux sociaux, d'e-mails ou de campagnes de presse ?

- ✓ Comment simplifier des sujets complexes pour rendre le contenu universellement attrayant ?

- ✓ Quelles sont les idées fausses sur les attentes des clients qui déconcertent le plus souvent les rédacteurs débutants et comment dissiper le brouillard ?

✓ Face aux premiers obstacles du copywriting, comment garder son courage et sa concentration ?

Questions-réponses: Comment mettre en œuvre votre droit d'auteur ?

- ✓ Quels sont les éléments clés qui rehaussent la qualité d'un texte et comment les rédacteurs peuvent-ils les intégrer de manière transparente ?

- ✓ Quelle est l'importance de capter la population cible pour produire un contenu convaincant, et quelles sont les stratégies les plus efficaces à cet égard ?

- ✓ Quelles tactiques peuvent amplifier l'attrait des titres et les rendre irrésistibles pour les lecteurs ?

- ✓ Comment l'imbrication des récits peut-elle enrichir le texte et le rendre plus convaincant ?

- ✓ Comment éviter le piège d'une prose trop promotionnelle et s'orienter plutôt vers un contenu à la fois magnétique et authentique ?

- ✓ Quelles sont les lignes directrices qui peuvent aider à façonner un contenu lucide, même lorsqu'il s'agit d'illustrer des offres complexes ?

- ✓ Comment l'évocation des émotions peut-elle renforcer l'impact d'un texte et quelle est la règle d'or en la matière ?

- ✓ Quelle est l'importance d'une déclaration de valeur solide pour amplifier l'attrait du contenu et comment la réaliser avec art ?

- ✓ Où les rédacteurs achoppent-ils souvent dans leur recherche d'un contenu exceptionnel et comment éviter ces erreurs ?

- ✓ Comment l'utilisation d'informations quantitatives peut-elle conférer au contenu plus de conviction et d'attrait ?

- ✓ Quelles sont les méthodes prometteuses pour insuffler de l'esprit ou du divertissement dans la prose, afin d'en assurer la résonance ?

- ✓ Comment tirer parti de la reconnaissance des clients ou de la validation par les pairs pour renforcer la crédibilité du contenu ?

✓ Dans quelle mesure est-il essentiel d'évoquer un sentiment d'immédiateté ou de rareté lorsque l'on tente d'obtenir un contenu magnétique, et quelles sont les tactiques à utiliser ?

✓ Comment l'intégration d'un contenu visuel, qu'il s'agisse d'un graphique ou d'un mouvement, peut-elle renforcer l'impact de la prose ?

- ✓ Quelles perles de sagesse peuvent guider le calibrage du contenu pour les différents médias, qu'il s'agisse de rencontres numériques ou d'actions de sensibilisation dans la boîte aux lettres ?

- ✓ Comment la maîtrise du ton et du caractère peut-elle conférer à la prose un charisme indéniable, et quelles sont les normes qui doivent la guider ?

- ✓ Quels sont les pièges qui guettent les écrivains lorsque la langue devient obscure ou labyrinthique, et comment les éviter ?

- ✓ Comment l'immersion des lecteurs dans une tapisserie sensorielle peut-elle rendre la prose plus convaincante ?

- ✓ Quelle est l'importance d'un attrait irrésistible pour la création d'un contenu magnétique et quelles sont les tactiques à utiliser à cet égard ?

- ✓ Comment l'adaptation d'un contenu à la personne d'un individu peut-elle amplifier sa résonance et quels sont les principes directeurs à suivre ?

- ✓ Comment l'utilisation de références relationnelles peut-elle renforcer la force de persuasion du contenu ?

- ✓ Quelles sont les idées qui peuvent façonner un contenu qui non seulement fascine, mais se démarque également de la mer d'uniformité ?

- ✓ Comment l'art du balancement peut-il amplifier la gravité du contenu et quelles sont les normes qui éclairent le chemin ?

- ✓ Comment le fait de surfer sur la vague de l'air du temps ou des récits émergents peut-il conférer au contenu un attrait contemporain ?

- ✓ Quelle est l'importance du perfectionnement itératif dans le traitement de la prose magnétique et quelles sont les méthodologies qui promettent d'être efficaces ?

Questions-réponses : Comment se tenir au courant du contenu viral et l'inclure comme un stimulant dans votre écriture ?

- ✓ Quelles sont les archives ou les plateformes dont vous disposez pour suivre l'évolution des méthodologies de copywriting ?

- ✓ À quelle fréquence approfondissez-vous vos nouvelles connaissances en copywriting et comment définissez-vous votre trajectoire d'apprentissage ?

- ✓ Quels changements monumentaux avez-vous observés récemment dans le secteur du copywriting et quelles ont été vos stratégies d'adaptation ?

- ✓ Quelle est l'importance de rester à l'affût des technologies émergentes et quelle est votre stratégie pour intégrer ces innovations dans votre entreprise ?

- ✓ Y a-t-il des forums ou des assemblées numériques spécifiques auxquels vous assistez pour vous tenir au courant des paradigmes de pointe en matière de copywriting ?

- ✓ Comment suivez-vous votre propre évolution dans l'assimilation de nouvelles connaissances en matière de copywriting et quels paramètres utilisez-vous pour évaluer votre maîtrise ?

- ✓ Où les rédacteurs échouent-ils le plus souvent lorsqu'ils tentent de rester en phase avec les nouvelles tendances et pratiques en matière de copywriting ?

- ✓ Comment concilier l'impératif de rester dans l'air du temps et l'aspiration à préserver un ton idiosyncrasique dans sa prose ?

- ✓ Comment tirez-vous parti des points de vue et des critiques externes lorsque vous vous aventurez en terrain inconnu en matière de copywriting ?

- ✓ Quelle est l'importance de l'expérimentation dans le domaine du copywriting et quelles sont les méthodes exemplaires qui peuvent guider de telles initiatives ?

- ✓ Selon vous, dans quelle mesure l'ingéniosité et la pensée avant-gardiste sont-elles cruciales dans le domaine du copywriting et comment donnez-vous du tonus à votre travail grâce à ces essences ?

- ✓ Comment réagissez-vous à l'évolution des tendances et des modèles démographiques de votre public cible et quel est l'impact de cette évolution sur vos projets de rédaction ?

- ✓ Quelles sont les tactiques essentielles pour rester en phase avec l'environnement en constante évolution du marketing numérique et des médias sociaux, et comment influencent-elles vos tactiques de rédaction ?

✓ Quelle est l'importance de l'engagement symbiotique avec des collègues, par exemple des créateurs visuels ou des experts en marketing, pour s'aligner sur les paradigmes contemporains du copywriting ?

✓ Comment trouver l'équilibre entre le maintien de l'uniformité dans le copywriting et la volonté d'innover en fonction des tendances contemporaines ?

- ✓ Quels obstacles importants ont jalonné votre parcours pour suivre l'évolution des doctrines du copywriting et quelle est l'histoire de vos triomphes ?

- ✓ Comment distinguer les innovations durables en matière de copywriting des gadgets éphémères lorsqu'il s'agit de décider où investir son énergie en matière d'apprentissage ?

- ✓ Quelles sont les règles d'or qui guident vos efforts pour maintenir l'ordre et une gestion optimale du temps dans la poursuite des prouesses en matière de copywriting ?

- ✓ Comment utilisez-vous les symposiums et conclaves du secteur pour rester au fait des dernières méthodologies en matière de copywriting ?

- ✓ Quelles sont les stratégies dont vous avez besoin pour rester fervent et engagé dans le processus d'acquisition de compétences en copywriting ?

- ✓ Comment orchestrer la dichotomie entre l'apprentissage continu et l'obtention de résultats exceptionnels pour les clients ?

- ✓ Quels outils ou référentiels numériques font partie de votre répertoire pour rester en phase avec les évolutions du référencement et les changements fondamentaux du marketing en ligne ?

- ✓ Comment intégrez-vous les principes de la conception centrée sur l'utilisateur dans votre copywriting et quelles sont les lignes directrices qui éclairent cette fusion ?

- ✓ Comment rester à l'affût des nouvelles tendances en matière de marketing de contenu et s'assurer de leur influence sur vos tactiques de rédaction ?

- ✓ Comment concilier l'urgence de se tenir au courant des nouvelles tendances avec l'essence intemporelle d'un copywriting clair et convaincant ?

Questions à choix multiples :
Rester cohérent dans le style

✓ Où les rédacteurs échouent-ils généralement lorsqu'ils rédigent des titres et des lignes d'objet, et quelles sont les mesures proactives qui permettent d'éviter ces écueils ?

✓ Quelle est l'importance de l'interaction entre les émotions humaines et la psychologie cognitive dans la création de titres et d'objets efficaces ?

- ✓ Quelle est l'importance des mots-clés dans les titres et les sujets ? Quelles sont les lignes directrices qui garantissent un mélange équilibré de lucidité et d'inventivité ?

- ✓ Quelles sont les techniques qui permettent de créer des titres et des objets qui non seulement attirent l'attention, mais reflètent également l'essence du contenu ?

- ✓ Comment les rédacteurs peuvent-ils faire preuve d'esprit et de flair linguistique pour doter les titres et les lignes d'objet d'un attrait et d'un charme irrésistibles ?

- ✓ Comment les rédacteurs peuvent-ils adapter leurs titres et leurs lignes d'objet aux différents médias, y compris les plateformes sociales, les campagnes d'e-mailing et les affichages sur les moteurs de recherche ?

- ✓ Quelles sont les règles d'or pour ciseler des titres et des objets alignés sur le référencement sans sacrifier la lisibilité ou l'originalité ?

- ✓ Les données empiriques et quantifiables peuvent-elles accroître l'impact et l'authenticité des titres et des objets ?

- ✓ Quelles tactiques s'avèrent fructueuses pour introduire des requêtes dans les titres et les objets, afin d'assurer l'immersion du lecteur et d'accroître son intérêt ?

- ✓ Comment l'infusion d'un vocabulaire sensoriel et d'une imagerie évocatrice peut-elle renforcer la résonance des titres et des objets ?

✓ Quelle est l'importance des choix de mise en page et de typographie dans l'efficacité des titres et des objets et quelles sont les méthodes qui permettent d'optimiser ces aspects ?

✓ Dans quelle mesure est-il important de procéder à des essais empiriques de divers titres et objets afin de déterminer les performances optimales, et quelles sont les procédures qui permettent d'améliorer cet effort ?

✓ Comment les rédacteurs peuvent-ils exploiter les frontières personnalisées et les groupes d'audience pour accroître la résonance des titres et des objets auprès de segments de lecteurs particuliers ?

- ✓ Comment l'art narratif et les intrigues peuvent-ils être subtilement insérés dans les titres et les objets pour créer une relation plus profonde avec les lecteurs et leur curiosité ?

- ✓ Quels sont les moyens les plus astucieux d'inclure des indices de temps et de disponibilité limitée dans les titres et les objets afin de stimuler la réactivité des lecteurs ?

- ✓ Comment les allusions à la société et les clins d'œil à l'air du temps peuvent-ils amplifier la contemporanéité et le potentiel viral des titres et des objets ?

- ✓ Quels sont les principes directeurs permettant de s'assurer que les titres et les objets restent concis, mais magnétiques et convaincants ?

- ✓ Comment exploiter les témoignages et les approbations courants dans les titres et les objets pour renforcer la confiance des lecteurs ?

- ✓ Dans quelle mesure est-il essentiel de cultiver une impression d'accès à l'élite ou d'information privilégiée dans les titres et les objets, et quelles sont les tactiques qui permettent de maîtriser cet art ?

- ✓ Quelles sont les stratégies les plus efficaces pour utiliser des juxtapositions et des cadres comparatifs dans les titres et les objets afin de souligner la proposition de valeur d'une offre ?

- ✓ Comment utiliser des termes dynamiques et des verbes qui incitent à la réflexion pour donner aux titres et aux objets un caractère immédiat et fervent ?

- ✓ Quelle est l'importance des fluctuations culturelles et sociales dans l'élaboration des titres et des objets qui résonnent, et comment les rédacteurs peuvent-ils exploiter ces nuances ?

- ✓ Comment les rédacteurs peuvent-ils exploiter le sensationnalisme ou les angles polémiques pour leurs titres et leurs lignes d'objet, tout en veillant à rester dans les limites de l'équité et de l'éthique ?

- ✓ Quelle est la voie à suivre pour créer des titres et des objets qui ont une résonance universelle, en évitant les préjugés et les connotations péjoratives ?

- ✓ Comment les analyses itératives, telles que les tests A/B et les mesures de performance, peuvent-elles guider les rédacteurs dans l'amélioration constante de leurs titres et de leurs lignes d'objet ?

Conseils BONUS : Améliorez vos idées et votre vocabulaire

- ✓ Quels sont les principes de base que tout rédacteur doit connaître ?

- ✓ Comment l'ère numérique a-t-elle modifié le paysage du copywriting ?

- ✓ Quel rôle joue le storytelling dans le copywriting moderne ?

- ✓ En quoi les techniques de rédaction diffèrent-elles d'un secteur à l'autre ?

- ✓ Comment les rédacteurs peuvent-ils optimiser le contenu pour la recherche vocale ?

- ✓ Quelles sont les meilleures techniques pour rédiger des CTA efficaces ?

- ✓ Comment les rédacteurs peuvent-ils exploiter efficacement le pouvoir du marketing émotionnel ?

- ✓ Quelle est l'importance de la sensibilité culturelle dans le copywriting ?

- ✓ Quels sont les meilleurs outils pour les rédacteurs en 2023 ?

- ✓ Comment s'articulent le référencement et le copywriting ?

- ✓ Étude de cas : Comment les stratégies de copywriting de David Ogilvy ont-elles révolutionné la publicité ?

- ✓ Quelle est l'importance de comprendre la psychologie de l'acheteur dans le copywriting ?

- ✓ Comment rédiger un copywriting convaincant sans donner l'impression d'être trop promotionnel ?

- ✓ Comment intégrer l'humour sans diminuer la crédibilité du message ?

- ✓ Quelles sont les meilleures pratiques pour rédiger un texte destiné aux appareils mobiles ?

- ✓ Comment l'intelligence artificielle a-t-elle influencé le domaine du copywriting ?

- ✓ Étude de cas : que peut-on apprendre de la copie de la publicité emblématique de Volkswagen "Think Small" ?

- ✓ Quel est le rôle de l'éthique dans le copywriting ?

- ✓ Comment les copywriters peuvent-ils s'adapter à l'évolution des algorithmes de Google ?

- ✓ Quels sont les avantages et les risques d'un copywriting controversé ?

- ✓ Comment rédiger un texte persuasif pour un public sceptique ?

- ✓ Quelles sont les meilleures stratégies de rédaction pour le marketing par courriel ?

- ✓ Étude de cas : Comment la rédaction des produits Apple a-t-elle influencé l'image de la marque ?

- ✓ Comment rédiger des méta-descriptions convaincantes qui augmentent le CTR ?

- ✓ Comment les couleurs et la typographie influencent-elles l'efficacité d'un texte ?

- ✓ Quels sont les défis liés à la rédaction d'un texte destiné à un public international ?

- ✓ En quoi le copywriting sur les médias sociaux diffère-t-il du copywriting sur les plateformes traditionnelles ?

- ✓ Comment rédiger un texte qui trouve un écho auprès du public de la génération Z ?

- ✓ Étude de cas : examen du slogan "Just Do It" de Nike : un chef-d'œuvre de copywriting.

- ✓ Quels sont les livres de copywriting intemporels que tout professionnel devrait lire ?

- ✓ Comment le copywriting et la voix de la marque s'accordent-ils ?

- ✓ Quels sont les défis liés à la rédaction de textes pour des marques de luxe ?

- ✓ Comment les rédacteurs peuvent-ils utiliser les données pour améliorer leur contenu ?

- ✓ Comment optimiser le copywriting pour les plateformes d'IA conversationnelle ?

- ✓ Quel est l'impact du GDPR sur la rédaction d'e-mails ?

- ✓ Étude de cas : analyse stratégique de la campagne "Real Beauty" de Dove.

- ✓ Comment réaliser efficacement des tests A/B sur les textes publicitaires ?

- ✓ Quels sont les pièges les plus courants de la rédaction dans le secteur du commerce électronique ?

- ✓ Comment créer des descriptions de produits convaincantes et vendeuses ?

- ✓ Comment les rédacteurs peuvent-ils s'adapter à une durée d'attention de plus en plus courte ?

- ✓ Quel rôle joue la nostalgie dans le copywriting ?

- ✓ Étude de cas : le succès du ton enjoué de MailChimp dans la rédaction d'e-mails.

- ✓ Comment gérez-vous les commentaires négatifs sur les projets de textes ?

- ✓ Quel est le rôle de l'authenticité dans le copywriting moderne ?

- ✓ Comment parvenir à la clarté lorsqu'on écrit sur des sujets complexes ?

- ✓ Comment les événements culturels influencent-ils les textes publicitaires saisonniers ?

- ✓ Étude de cas : l'évolution et l'impact du copywriting de Noël de Coca-Cola.

- ✓ Comment rédiger un texte efficace pour les organisations à but non lucratif ?

- ✓ Comment les rédacteurs peuvent-ils utiliser au mieux le contenu généré par les utilisateurs ?

- ✓ Quelles stratégies garantissent la conversion des pages d'atterrissage ?

- ✓ En quoi les exigences en matière de rédaction diffèrent-elles entre le B2B et le B2C ?

- ✓ Étude de cas : Le génie derrière le copywriting de Slack.

- ✓ Comment les rédacteurs peuvent-ils se tenir au courant des tendances du secteur ?

- ✓ Quelles sont les idées fausses les plus répandues sur le copywriting ?

- ✓ Comment aborder la rédaction de textes sur des sujets sensibles ?

- ✓ Comment mesurer le retour sur investissement des efforts de copywriting ?

- ✓ Étude de cas : analyse de l'impact du copywriting d'Airbnb axé sur la communauté.

- ✓ Comment entrer dans le monde compétitif du copywriting ?

- ✓ Comment concilier créativité et référencement dans le copywriting ?

- ✓ Quelle est l'importance de la cohérence du ton dans la rédaction d'une marque ?

- ✓ Comment les rédacteurs peuvent-ils lutter contre l'angoisse de la page blanche ?

- ✓ Étude de cas : l'influence du style de communication transparent de Buffer sur l'image de marque.

- ✓ Comment aborder le copywriting pour les scripts vidéo par rapport au contenu écrit ?

- ✓ Comment la conception et le texte s'articulent-ils pour que les publicités soient efficaces ?

- ✓ Quelles sont les tendances futuristes du copywriting à surveiller ?

- ✓ Étude de cas : le génie de la campagne de fin d'année de Spotify.

- ✓ Comment les relations client-client influencent-elles les stratégies de copywriting ?

- ✓ Comment rendre la rédaction technique attrayante ?

- ✓ Quel est le rôle de l'éthique dans le copywriting pour les produits de santé ?

- ✓ Étude de cas : comprendre la viralité des campagnes publicitaires d'Old Spice.

- ✓ Comment intégrer le retour d'information sans compromettre l'essence même du copywriting ?

- ✓ Comment les copywriters peuvent-ils tirer profit des événements de mise en réseau ?

- ✓ En quoi le processus de rédaction diffère-t-il selon qu'il s'agit d'une start-up ou d'une marque établie ?

- ✓ Étude de cas : le ton et la stratégie du personnage de Wendy's sur Twitter.

- ✓ Quelle est votre approche de la rédaction pour les annonces payantes par rapport au contenu organique ?

- ✓ Comment passe-t-on du journalisme au copywriting ?

- ✓ Comment concilier originalité et formules éprouvées dans le copywriting ?

- ✓ Étude de cas : le rôle d'un copywriting efficace dans l'ascension rapide de Dollar Shave Club.

- ✓ Comment les profils d'utilisateurs guident-ils le processus de rédaction ?

- ✓ Quels sont les cours avancés pour les rédacteurs qui souhaitent se perfectionner ?

- ✓ Étude de cas : décoder la simplicité de la copie Google.

- ✓ Comment relevez-vous le défi de rédiger des textes pour différentes gammes de produits ?

- ✓ Quelle est l'importance du mentorat dans le parcours d'un copywriter ?

- ✓ Étude de cas : Comment la copie transparente d'Everlane s'aligne sur l'éthique de la marque.

- ✓ Comment instiller un sentiment d'urgence sans paraître trop vendeur ?

- ✓ Quelles sont les tactiques de copywriting intemporelles qui fonctionnent encore à l'ère numérique ?

✓ Comment relever les défis de la rédaction en freelance ?

✓ Étude de cas : le rôle de la copie minimaliste dans le lancement des produits Apple.

✓ Comment les rédacteurs peuvent-ils améliorer leurs compétences en matière de recherche pour enrichir leur contenu ?

✓ Comment l'évolution des habitudes de consommation influence-t-elle les tendances en matière de copywriting ?

- ✓ Étude de cas : les stratégies de persuasion qui se cachent derrière le texte plein d'action de GoPro.

- ✓ Comment abordez-vous la rédaction pour les plateformes de RV et de RA ?

- ✓ Quel est le rôle de l'empathie dans un copywriting efficace ?

- ✓ Comment utiliser au mieux les témoignages et les avis dans un texte ?

- ✓ Étude de cas : le génie narratif de la campagne de Nike pour Colin Kaepernick.

- ✓ Comment adapter les stratégies de copywriting aux marchés de niche ?

- ✓ Comment les rédacteurs peuvent-ils intégrer efficacement la narration dans les descriptions de produits ?

- ✓ Etude de cas : Maîtrise de la conversation dans le copywriting du chatbot Drift.

- ✓ Comment les tendances telles que la durabilité et la sensibilisation à l'environnement influencent-elles le copywriting moderne ?

- ✓ Comment les rédacteurs peuvent-ils s'adapter aux nouvelles plateformes multimédias telles que la réalité augmentée (AR) ou la réalité virtuelle (VR) ?
- ✓ Étude de cas : le récit convaincant des campagnes environnementales de Patagonia.

- ✓ Quel est l'impact de l'essor du marketing d'influence sur les stratégies de copywriting ?

- ✓ Comment maintenir la cohérence de la voix de la marque sur les différents canaux de commercialisation ?

- ✓ Étude de cas : le charme et la simplicité de la première page d'accueil de Dropbox.

- ✓ Comment les rédacteurs peuvent-ils naviguer efficacement dans le monde de la publicité native ?

- ✓ Comment rédiger un texte persuasif pour les campagnes de crowdfunding ?

- ✓ Étude de cas : le succès émotionnel de la campagne #LikeAGirl d'Always.
- ✓ Quelles sont les techniques pour rédiger des textes convaincants pour les pages de vente ?

- ✓ Comment abordez-vous l'écriture de publicités pour les podcasts par rapport aux médias écrits ?

- ✓ Étude de cas : la voix unique de la marque Innocent Drinks et son impact sur les consommateurs.

- ✓ Comment les textes longs peuvent-ils retenir l'attention des lecteurs ?

- ✓ Comment le social listening peut-il être utilisé pour mieux comprendre le copywriting ?

- ✓ Étude de cas : Le génie de la lettre de réponse directe avec les armoiries de Gary Halbert

- ✓ Comment les rédacteurs peuvent-ils utiliser efficacement les techniques de neuromarketing ?
- ✓ Quelles sont les considérations rédactionnelles à prendre en compte pour les produits technologiques émergents ?

- ✓ Étude de cas : le rôle du copywriting ludique dans le succès de l'application de méditation Headspace.

- ✓ Quel est l'impact des lois sur la protection de la vie privée sur la rédaction d'e-mails et de sites web ?

- ✓ Comment intégrer le retour d'information des utilisateurs pour affiner la rédaction d'un produit ?

- ✓ Étude de cas : la vidéo de lancement du Dollar Shave Club, dont l'image de marque est à la fois originale et mémorable.

✓ Comment équilibrer la personnalisation et la généralisation dans la rédaction publicitaire ?

✓ Comment le passage au mobile-first a-t-il affecté les techniques de copywriting ?

✓ Étude de cas : le ton et le message des descriptions de produits Tesla.

- ✓ Comment gérer la localisation dans la rédaction de textes destinés à un public mondial ?

- ✓ Comment le contenu interactif peut-il façonner l'avenir du copywriting ?

- ✓ Étude de cas : la résonance émotionnelle du message "Belong Anywhere" d'Airbnb.

- ✓ Comment les rédacteurs peuvent-ils suivre les directives des plateformes de médias sociaux en constante évolution ?

- ✓ Comment rédiger un texte publicitaire de reciblage qui résonne ?

- ✓ Étude de cas : l'humour et le brio des campagnes publicitaires virales d'Old Spice.

- ✓ Comment l'évolution des valeurs des consommateurs influence-t-elle la

- ✓ des messages de copywriting ?

- ✓ Quel rôle joue la psychologie comportementale dans la création de textes publicitaires ?

- ✓ Étude de cas : la clarté et l'approche centrée sur l'utilisateur dans le texte web de Basecamp.

- ✓ Comment exploiter les biais cognitifs dans le copywriting sans être manipulateur ?

- ✓ Comment aborder l'écriture pour des plateformes émergentes telles que TikTok ou Clubhouse ?

- ✓ Étude de cas : techniques de persuasion dans les lettres de vente longues d'Agora Publishing.

- ✓ Comment les copywriters peuvent-ils traiter efficacement les objections dans leurs textes ?

- ✓ Quels sont les défis posés par la rédaction de textes pour les produits d'abonnement ?

- ✓ Étude de cas : les éléments qui créent la confiance dans le texte de Warby Parker.

- ✓ Comment le marketing conversationnel influence-t-il le copywriting pour les chatbots ?

- ✓ Comment rédiger des textes attrayants et efficaces pour les vidéos ?
- ✓ Étude de cas : Nostalgie et cohérence de la marque dans les textes de Coca-Cola au fil des décennies.

- ✓ Comment trouver l'équilibre entre créativité et clarté dans le copywriting ?

- ✓ Comment les tests A/B peuvent-ils façonner et affiner les stratégies de copywriting ?

- ✓ Étude de cas : l'impact d'un texte clair et concis dans les campagnes publicitaires de Google.

- ✓ En quoi le copywriting est-il différent pour les marques de luxe et pour les marques bon marché ?

- ✓ Comment les rédacteurs peuvent-ils utiliser la narration visuelle parallèlement au contenu écrit ?

- ✓ Étude de cas : la narration empathique derrière les campagnes de Nike pour les femmes.

- ✓ Comment relever le défi de la mise à jour du contenu permanent ?

- ✓ Comment les rédacteurs peuvent-ils exploiter le contenu généré par les utilisateurs dans leurs campagnes ?

- ✓ Étude de cas : le ton vif et direct des descriptions de produits de Cards Against Humanity.

- ✓ Comment suivre l'évolution des stratégies de référencement dans le copywriting ?

- ✓ Quel est l'impact du ton et de la voix sur la confiance des utilisateurs et la crédibilité de la marque ?

- ✓ Étude de cas : le rôle de la copie centrée sur l'utilisateur dans l'adoption rapide de Zoom pendant la pandémie.

- ✓ Comment rédiger un texte qui s'adresse à différents types d'utilisateurs ?

- ✓ Comment affiner et optimiser les descriptions de produits de commerce électronique pour obtenir des conversions ?

- ✓ Étude de cas : relationnalité et humour dans le texte des médias sociaux de Wendy's.

- ✓ Quel est l'impact des nouvelles valeurs sociales, telles que l'inclusivité, sur le copywriting moderne ?

- ✓ Comment aborder le copywriting en tenant compte de l'accessibilité ?

- ✓ Étude de cas : l'accent mis sur la simplicité et la clarté dans la rédaction d'un texte pour le lancement d'un produit Apple.

- ✓ Quel est l'impact de la recherche vocale et des assistants comme Alexa sur les stratégies de copywriting ?

- ✓ Comment exploiter la puissance des témoignages dans le copywriting ?

- ✓ Étude de cas : l'accent mis sur la communauté et la connexion dans la rédaction des publicités sur Facebook.

- ✓ Comment les changements générationnels, tels que la montée en puissance de la génération Z, affectent-ils les tendances en matière de copywriting ?

- ✓ Comment les copywriters peuvent-ils aborder et exploiter efficacement le phénomène de FOMO dans leurs stratégies ?

- ✓ Étude de cas : la profondeur narrative et émotionnelle des campagnes de beauté de Dove.

- ✓ En quoi les stratégies de copywriting diffèrent-elles entre des secteurs tels que la technologie, la mode ou la finance ?

- ✓ Quelles sont les techniques efficaces pour rédiger des courriels de contact à froid qui obtiennent des réponses ?

- ✓ Étude de cas : Authenticité et aventure dans le copywriting de Red Bull.

- ✓ Comment intégrer le langage sensoriel pour une expérience de copywriting plus riche ?

- ✓ Comment les garanties et les assurances peuvent-elles être utilisées efficacement dans les textes de vente ?

- ✓ Étude de cas : le message mémorable et concis de la campagne "I'm Lovin' It" de McDonald's.

- ✓ Comment les rédacteurs peuvent-ils exploiter la preuve sociale sans paraître vantards ?

- ✓ Comment les chatbots et l'intelligence artificielle façonnentils l'avenir du copywriting sur les plateformes interactives ?

- ✓ Étude de cas : cohérence de la marque et nostalgie dans le copywriting des produits LEGO.

- ✓ Comment aborder le copywriting en gardant à l'esprit les considérations éthiques ?

- ✓ Quelles sont les techniques efficaces pour rédiger des descriptions de webinaires ou de séminaires qui génèrent des inscriptions ?

- ✓ Étude de cas : Transparence et orientation client dans le message produit de Buffer.

- ✓ Comment la culture et les nuances régionales influencent-elles l'efficacité des textes publicitaires ?

- ✓ Comment les rédacteurs peuvent-ils éviter les pièges du jargon industriel dans leurs messages ?

- ✓ Étude de cas : la fascination et le mystère de la campagne "Think Different" d'Apple.

- ✓ Comment peut-on aborder l'écriture de sujets ou de causes sensibles avec tact et empathie ?

- ✓ Quel est l'impact de l'optimisation mobile sur la rédaction des e-mails et des pages web ?

- ✓ Étude de cas : l'approche éducative et de mise en confiance du copywriting Le blog de Moz.

- ✓ Comment intégrer efficacement l'humour dans un texte publicitaire sans éclipser le message ?

- ✓ Comment abordez-vous la rédaction de textes sur des sujets controversés ou polarisants ?

- ✓ Étude de cas : l'importance du retour d'information de la communauté et des utilisateurs dans le message de la plateforme Kickstarter.

- ✓ Comment l'analyse des sentiments permet-elle d'améliorer l'efficacité du copywriting ?

- ✓ Comment équilibrer la rareté et l'urgence dans les textes de vente sans paraître intrusif ?

- ✓ Étude de cas : l'histoire de la marque et l'authenticité de la campagne "One for One" de TOMS Shoes.

- ✓ Comment les rédacteurs peuvent-ils faire face aux défis posés par l'utilisation des bloqueurs de publicité ?

- ✓ Quelles sont les techniques de rédaction efficaces pour les campagnes de marketing d'affiliation ?

- ✓ Étude de cas : l'approche familière et engageante de la copie Slack.

- ✓ En quoi le copywriting pour les applications mobiles diffère-t-il du copywriting traditionnel pour le web ?

- ✓ Comment assurer la cohérence de la rédaction entre les différents types de contenu ?

- ✓ Étude de cas : l'accent mis sur l'aspiration et le luxe dans les textes publicitaires de Rolex.

- ✓ Comment intégrer efficacement la narration dans un texte publicitaire court ?

- ✓ Quel rôle joue la théorie des couleurs pour compléter les textes publicitaires sur les sites web et les bannières ?

- ✓ Étude de cas : la narration centrée sur le voyage dans les descriptions de produits GoPro.

- ✓ Comment les rédacteurs peuvent-ils s'assurer qu'ils respectent les nouvelles réglementations en matière de publicité numérique ?

- ✓ Comment les contenus interactifs, tels que les quiz ou les calculatrices, influencent-ils les stratégies de copywriting ?

- ✓ Comment les rédacteurs peuvent-ils faire face à l'évolution du paysage des avis et des témoignages de clients ?

- ✓ Étude de cas : clarté et approche orientée client dans la politique de retour de Zappos.

- ✓ Comment les tendances saisonnières et les fêtes influencent-elles les stratégies de copywriting ?

- ✓ Quel rôle joue la tension narrative pour maintenir l'attention du lecteur ?

- ✓ Étude de cas : le parcours émotionnel de la narration dans les campagnes "Just Do It" de Nike.

- ✓ Comment les rédacteurs peuvent-ils se tenir au courant des nouvelles meilleures pratiques du secteur ?

- ✓ Comment les caractéristiques psychographiques influencent-elles la manière dont les rédacteurs s'adressent à leur public cible ?

- ✓ Étude de cas : le luxe et l'exclusivité représentés dans les campagnes publicitaires de Chanel n° 5.

- ✓ Comment les rédacteurs peuvent-ils s'inspirer des courants culturels sans paraître opportunistes ?

- ✓ Quel est l'impact de la préférence croissante pour le contenu vidéo sur la rédaction web traditionnelle ?

- ✓ Étude de cas : l'équilibre entre l'humour et l'information dans les campagnes de Progressive Insurance.

- ✓ Quel rôle joue la nostalgie dans un copywriting efficace et comment l'exploiter ?

- ✓ Comment intégrer efficacement les témoignages de clients dans les descriptions de produits ?

- ✓ Étude de cas : l'approche fondée sur les données et les enseignements tirés des campagnes de fin d'année de Spotify.

- ✓ Comment les rédacteurs peuvent-ils différencier leur marque sur des marchés saturés ?

- ✓ Comment les boucles de rétroaction et les itérations jouent-elles un rôle dans l'affinement des textes publicitaires ?

- ✓ Étude de cas : l'audace et la perturbation des campagnes "Real Beauty" de Dove.

- ✓ Quels sont les défis liés à la rédaction de textes pour des produits dont le cycle de vente est long ?

- ✓ Comment créer des CTA convaincants qui poussent

l'utilisateur à l'action sans être intrusifs ?

- ✓ Étude de cas : engagement du public et culture des mèmes dans les campagnes Twitter de Wendy's.

- ✓ Comment mesurer le succès d'un texte au-delà des mesures de conversion ?

- ✓ Comment les rédacteurs peuvent-ils faire face à un public sceptique ou contrer les perceptions négatives d'une marque ?

- ✓ Étude de cas : honnêteté et humour dans les campagnes de branding et de Mailchimp.

- ✓ Comment les sondages et enquêtes interactifs peuvent-ils être utilisés pour rendre les textes plus attrayants ?

- ✓ Comment équilibrer l'émotion et la logique dans un copywriting efficace ?

- ✓ Étude de cas : l'image de marque de la communauté et du style de vie dans les campagnes médiatiques de Red Bull.

- Comment les rédacteurs peuvent-ils répondre de manière préventive aux objections potentielles des clients dans leurs textes ?

Conclusions

Notre exploration approfondie du monde du droit d'auteur amélioré par l'IA avec ChatGPT touche à sa fin, mais ce n'est que le début d'une aventure passionnante, pleine d'opportunités et de défis.

Grâce à sa capacité unique à générer un contenu intelligent et à fournir des réponses immédiates, cette technologie est la clé du contrôle et de l'intégrité de vos créations.

Tout au long de ce voyage, nous avons découvert comment ChatGPT peut devenir votre gardien numérique, en vous apportant un soutien irremplaçable pour identifier, documenter et protéger vos droits d'auteur d'une manière de plus en plus sophistiquée et efficace. L'opportunité d'exploiter le potentiel de cette synergie entre l'intelligence artificielle et le droit d'auteur est une voie qui s'ouvre devant vous, et nous sommes enthousiastes à l'idée de vous aider à la réaliser.

Alors que nous concluons cette phase

de notre voyage, nous vous encourageons à continuer d'explorer les possibilités extraordinaires qu'offre le droit d'auteur amélioré par l'IA. Préparez-vous à un avenir où la protection de vos droits d'auteur et l'optimisation de leur valeur seront le fruit d'une innovation sans limite, soutenue par la puissance du ChatGPT et votre volonté d'accepter le changement. Votre voyage dans le monde du droit d'auteur se poursuit, et l'avenir est brillant et prometteur.

Au cours de notre voyage, nous avons examiné divers aspects fondamentaux du copywriting et de la rédaction professionnelle. Nous avons commencé par les bases du copywriting, en comprenant comment structurer efficacement un texte pour capter l'attention du public. Ensuite, nous avons appris l'art de la narration professionnelle, un élément crucial pour capter l'attention et faire passer des messages de manière mémorable.

Nous avons également exploré les erreurs courantes à éviter lors de la rédaction, en reconnaissant l'importance de la précision et de la cohérence dans la communication. En outre, nous avons appris à appliquer efficacement les droits d'auteur afin de protéger les créations et d'en tirer le meilleur parti.

Pour rester à jour dans le monde en constante évolution du contenu, nous avons discuté de la manière d'identifier les tendances virales et de les incorporer dans vos écrits pour maximiser l'impact. Enfin, nous avons souligné l'importance de maintenir une identité stylistique cohérente, afin que votre message soit reconnaissable et cohérent.

En prime, nous avons fourni des conseils pour améliorer les idées et enrichir le vocabulaire, des éléments clés pour une écriture plus efficace et plus créative. Au final, ce voyage nous a montré comment maîtriser le copywriting et créer des contenus de qualité dans un monde en perpétuelle évolution.

En conclusion, nous vous invitons à persévérer dans une approche expérimentale et innovante de la gestion des droits d'auteur. Avec ChatGPT et une innovation sans relâche à vos côtés, l'avenir de votre gestion des droits d'auteur s'annonce passionnant et plein d'opportunités.

Nous vous remercions de nous avoir

accompagnés dans ce voyage. Il est maintenant temps d'affronter l'avenir avec détermination et confiance. Que votre gestion des droits d'auteur devienne de plus en plus efficace et que votre succès dans la protection de la propriété intellectuelle dépasse toutes les attentes. Bonne continuation pour votre voyage extraordinaire dans la gestion des droits d'auteur, amélioré par ChatGPT !

Message au lecteur

Dans l'espoir que vous avez apprécié la lecture de ce livre, veuillez partager votre expérience positive avec ce livre et avec l'utilisation de ChatGPT. Si vous avez trouvé ce manuel utile, prenez un moment pour laisser une évaluation positive, 5 étoiles si possible, le livre est le résultat de mois d'efforts, de dévouement et de tests constants pour trouver les meilleurs prompteurs à utiliser. Si vous souhaitez être tenu au courant de nos futures publications, veuillez visiter notre page d'auteur [We Prompt] sur Amazon. Merci de votre attention et à bientôt dans le prochain livre.

Printed in France by Amazon
Brétigny-sur-Orge, FR